Wilhelm Reimann

Über die Chanson de Gaydon,

ihre Quellen und die angevinische Thierry-Gaydon-Sage

Wilhelm Reimann

Über die Chanson de Gaydon,
ihre Quellen und die angevinische Thierry-Gaydon-Sage

ISBN/EAN: 9783744677240

Hergestellt in Europa, USA, Kanada, Australien, Japan

Cover: Foto ©Thomas Meinert / pixelio.de

Weitere Bücher finden Sie auf **www.hansebooks.com**

Ueber die

Chanson de Gaydon,
ihre Quellen
und die angevinische Thierry-Gaydon-Sage.

INAUGURAL-DISSERTATION

zur

Erlangung der Doctorwürde

bei

hochlöblicher philosophischer Facultät zu Marburg

eingereicht

von

Wilhelm Reimann

aus Mülheim a. d. Ruhr.

Marburg.

Universitäts-Buchdruckerei (R. Friedrich).

1880.

Lebenslauf.

Geboren am 27. November 1856 zu Mülheim a. d. R. (Rheinprovinz), besuchte ich zunächst die Fortbildungsschule des Herrn Conrector Seeger zu Eppinghoven bei Mülheim. Herbst 1868 wurde ich alsdann in die Realschule I. O. meiner Vaterstadt aufgenommen und verliess dieselbe Ostern 1877 mit dem Reifezeugniss. Während der zurückgelegten sieben Studiensemester studirte ich, den Sommer 1878, den ich zur Sammlung des Materials zu vorliegender Arbeit in Paris zubrachte, ausgenommen, zu Marburg moderne Philologie, Geschichte und Geographie. Im März 1880 bestand ich das Examen rigorosum daselbst und verwalte seit 1. Oktober 1880 das Amt eines Lectors der französischen Sprache an der Universität.

Meine Lehrer, denen ich an dieser Stelle für die angelegentliche Förderung meiner Studien meinen besten Dank ausspreche, sind die Herren Professoren DDr. **Stengel, Rein, Varrentrapp, Lucae, Bergmann, Cohen, Nissen, Dietrich** und Herr Privatdoc. Dr. **Lenz** gewesen.

Den Herren Curatoren

des

Coupienne'schen Stiftungsfonds

zu Mülheim a. d. Ruhr

in dankbarer Verehrung

gewidmet vom

Verfasser.

Vorwort.

Vorliegende Arbeit verdankt ihre Entstehung den von Herrn
Prof. Stengel im Wintersemester 1877/78 zu Marburg gehaltenen
Vorlesungen über »Geschichte des französischen Epos«, das für
sie nothwendige Quellenmaterial sammelte Verfasser während
eines längeren Aufenthaltes zu Paris im Jahre 1878 auf der
Nationalbibliothek daselbst, er betrachtet daher im Allgemeinen
die folgende Untersuchung nur als Vorarbeit für eine demnächst
zu veranstaltende kritische Ausgabe der Chanson de Gaydon.
Um den Rahmen einer eigentlichen Dissertationsschrift nicht zu
überschreiten, war es nöthig, sich an einzelnen Stellen kürzer
als erwünscht zu fassen, hoffentlich hat darunter die Beweiskraft
der beigebrachten Argumente nicht gelitten. Von wesentlichem
Nutzen zur Ausführung der gestellten Aufgabe war G. Paris'
Fundamentalwerk für das Studium der französischen Karlssage,
die »Histoire poétique de Charlemagne«. Für freundlichste
Ueberlassung literarischen Materials sowie für manchen trefflichen
Wink ist Verfasser schliesslich ganz besonders seinem verehrten
Lehrer, Herrn Prof. Stengel, zu Danke verpflichtet.

I.

Ueber die Chanson de Gaydon im Allgemeinen.

Der Ch. de Gaydon geschieht zuerst besonders durch Fauriel
im Jahre 1832 kurze Erwähnung. Anfangs- und Schlusstirade
derselben druckt 1837 Fr. Michel in seiner Rolandsausgabe ab.
Eine eingehendere Betrachtung findet die Ch. darauf durch
P. Paris in Hist. litt. de la France, XXII, 425—434. 1860 ist
sie Gegenstand einer unter den Auspicien V. le Clerc's erschienenen Dissertation, betitelt: »De Gaidone, carmine gallico
vetustiore, disquisitio critica, auctore Siméon Luce.« Lutetiae
Parisiorum 1860. (angez. von P. Meyer in »Jahrb. für rom. und
engl. Literatur.« 1861, pag. 206), eine Schrift, die mit grossem
Fleisse namentlich die Characteristik der in der Ch. de Gaydon
auftretenden Personen behandelt, und Vorarbeit war zu der
1862 als tome 7 der Sammlung »Anciens poëtes de la France«
erschienenen Textausgabe: »Gaydon, Chanson de geste publiée
pour la première fois d'après les trois manuscrits de Paris« par
MM. F. Guessard et S. Luce. Ganz den von Guessard selbst auf-
gestellten Textprincipien (cf. Gautier, »Épop. franç.« L², 255)
entgegen ist bei diesem Abdrucke nicht das palaeographisch
älteste Ms., in Jongleurformat, sondern die jüngere Foliohs. der
Ausgabe zu Grunde gelegt worden. Einige wenige Worte widmet
G. Paris unserer Dichtung (G. Paris, »Hist. poét.« 323) und
eine kurze Analyse giebt Gautier in »Épop. franç.« II.¹ 460 ff.
= III.² 625 ff.

Der von einem anonymen Verfasser überkommene Text
der Ch. de Gaydon befindet sich in 3 Mss. auf der Pariser

Nationalbibliothek. Das älteste Ms. ist Ms. Suppl. franç. 2510. Pergamentms. aus erster Hälfte des 13. Jahrh. Jongleurformat. Höhe 19,4 cm auf 11,7 cm Breite. 159 Blatt, zu 30 Zeilen die Seite, nur fol. 1a hat infolge des Initials 26 und ausnahmsweise fol. 47a 29 Zeilen; fol. 104 unbeschrieben, zwischen fol. 64 u. 65 (= vv. 3784—3843 d. Druckes fehlend) ein Blatt abhanden gekommen, ferner aber 2 Heftlagen = 16 Blatt zwischen fol. 95 u. 96 (= vv. 5684—6638 d. Dr.) sowie der Schluss (die letzten 440 Zeilen des Dr.). Theilweise unleserlich ist fol. 1a, wie sich auch viele Rasuren, abgeblasste Partieen, von fremder Hand interliniirte Verse u. a. Correcturen vorfinden. Der Einband hat Bl. 49a—51b die oberste Zeile ganz oder theilweise abgeschnitten. Initialen einfarbig roth. Der schwankende sprachliche Ausdruck, die grosse Unvollständigkeit und die schlechtere Conservirung des ms. bewogen nach eigener Aussage die Herausgeber, von einer Publication desselben abzusehen, obgleich sie so nur ihren Textprincipien entgegenhandelten. — Das zweite Ms. Fonds franç. 860, in Pergamentfolio, stammt aus der 2. Hälfte des 13. Jahrh. Höhe 29,5 cm auf 21,5 cm Breite. Findet sich als Nr. 2 (Blatt 37—92) jenes Sammelms., das als Nr. 1 von demselben Schreiber den Roman de Roncevaux enthält, ist daher ebenso handschriftlich ausgestattet wie jene Version *P* des Rolandsliedes. Jedes Blatt hat 4 Spalten zu je 48 Zeilen, nur fol. 1a hat infolge des Initials 44, die Schlussspalte auf 92d 10 Zeilen. Zwischen Blatt 82 und 83 fehlt ein Blatt. Reichverzierte Initialen wechseln ab in blauer und rother Farbe. Nur wenige Correcturen finden sich in der sauber ausgeführten Hs. Die Vershemistiche meist durch Puncte getrennt. Die gedruckte Ausgabe lässt 10 Zeilen aus. — Fonds franç. 1475 ist Papierms. aus dem 15. Jahrh., in Kleinfolio, 28,7 cm Höhe auf 20 cm Breite. Einband, in rothem Maroquin, zeigt das Wappen Frankreichs nebst Chiffre Karls IX. 160 Blatt, es fehlen 2 Blatt und der Schluss (= 350 Zeilen des Dr.), letztgenannten Mangel hat ein Besitzer, wahrscheinlich um den

Käufer zu täuschen, zu verdecken gesucht, indem er auf fol. 160 die letzten Zeilen zu Gunsten einiger auf fol. 161 zugefügten schlechten Knittelverse abänderte. Zeilenzahl variirt zwischen 24 und 37 die Seite. Copie, ziemlich nachlässig, weisst schwere Fehler auf; Tiradenanfänge oft ausgelassen oder nur sehr schwach angedeutet.

Die Ch. de Gaydon vertheilt ihren Stoff in rund 10900 Zeilen auf circa 250 Tiraden, die kürzesten Tiraden (es variirt die Zeilenzahl der Tir. zwischen 8 und 200) finden sich in den ersten 2000 resp. 3000 Zeilen und am Schlusse, ein Umstand, der von besonderer Wichtigkeit für die kritische Untersuchung unseres Epos sein wird.

Berücksichtigt man nämlich eingehender die Versification der Ch. de Gaydon, so fällt eine höchst beachtenswerthe Erscheinung auf. Die ersten 1840 Verse weisen noch ziemlich ausgeprägt die Assonanz auf, richtiger würde es heissen, die ersten 1500 Verse, denn die zwischen v. 1498 und v. 1840 liegende Partie der Ch. zeigt schon das Uebergangsstadium zu dem mit v. 1840 anhebenden und von da ab unbedingt dominirenden Reime. Dass in diesem Factum eine wichtige Handhabe für die Scheidung etwaiger älterer oder jüngerer Theile unbedingt vorliegen müsse, wurde vom Verfasser auf Grund des handschriftlichen Materials bereits in der Beantwortung einer für das Studienjahr 1878 von der philosoph. Facultät zu Marburg ausgeschriebenen Preisfrage nachzuweisen versucht; die Herausgeber des Gaydon hatten nämlich dieses metrischen Unterschiedes auch mit keiner Sylbe gedacht, und ganz irrig behauptete Gautier in der 1. Aufl. seiner »Épopées franç.« II., 461: Le poème renferme 10887 vers qui sont des décasyllabes rimés; letztere sind freilich in der jüngst erschienenen 2. Aufl. dess. Werkes III., 625 schon zu »décasyllabes assonancés« geworden. »Mais ces assonances«, fügt Gautier hinzu, »sont généralement fort peu primitives, et offrent une tendance perpétuelle à la rime. Un certain nombre sont absolument rimés«. Der erste Gelehrte, der andeutungsweise auf die eigenthümlichen metrischen Verhältnisse des Gaydon hingewiesen hat und die Möglichkeit eines Remaniement aussprach, war P. Meyer in seiner »Phonétique Française« 1870, pag. 263 bei Gelegenheit einer Untersuchung über »an et en toniques«.

Nur ziemlich ausgeprägt, wurde hervorgehoben, tritt die Assonanz in den ersten 1840 Versen auf, sie ist keineswegs so streng durchgeführt, wie im ältesten Epos und weist in der That ein beständiges Streben zur Angleichung an den Reim auf, wie auch Gautier richtig bemerkt, trotzdem er den Leser zu glauben verleitet, der Procentsatz von assonirenden Versausgängen wäre erheblich höher, als er hier festgestellt worden, denn nicht die Assonanz, der Reim bildet die Regel in dem überwiegend grössten Theile der Chanson. Kleinere, auch grössere Reimpartieen, die sich mitten in der Assonanzenredaction vorfinden, lenken schon im Voraus die Aufmerksamkeit auf das, um bildlich zu reden, von v. 1498—1840 noch im Kampfe mit der Assonanz begriffene, alsdann aber einen bedingungsweisen Sieg erfechtende reimende Metrum. Eine kleine Tabelle, in der die vorkommenden Zahlen die Seiten des gedruckten Textes bezeichnen, in der die Tirade anhebt, mag das Gesagte veranschaulichen:

Assonanzen:

I. Reines a (von nasalem a vollständig geschieden): 44, 46. 46 zeigt schon entschieden Reimcharacter, von 102 Zeilen (v. 1499—1601) 65 Reime auf a, 30 auf al. Die Angleichung an den Reim war stellenweise sehr leicht, so weist BC: »contreual en abat« in v. 1546 noch auf die ursprüngliche assonirende Weise hin, A bringt durch Umstellung von abat und contreval leicht die Reimangleichung zu Stande; v. 1551 AC: »li a prins de la char« gegen B, welches dem Reim auf a zu Liebe prins durch anuoia ersetzt und in den Versausgang schiebt, derselbe Process a. a. O. — II. a vor Nasalen; 10. — III. Geschlossenes e: 1, 12, 19, 26, 29, 31, 36, 44, 54. (56?) Diese Ass. begreift die

längsten und zahlreichsten Tiraden in sich, weisst aber auch
am ehesten die Tendenz zur Reimbildung auf. So die glatt-
gereimten Zeilen der Eingangsversion, die von besonderer
Wichtigkeit für die Kritik sind; einen durchgehenden Reim auf
ez hat 26 in v. 888—914, ferner 36 in v. 1183—1214 und
1219—1231. In 56 dominirt der Reim. — IV. Geschlossenes
e—e: 32. — V. i: 19, 24, 33, 41. (51?) — VI. Männliche
ié-Ass.: 6, 21, 34. (51?) — VII. i—e: 53 (stark gereimt). —
VIII. oi: 14, 23, 29, 55. — 55 hat trotz der weit vorgeschobenen
Stellung unter den assonirenden Tiraden noch am treuesten ursprünglichen Character bewahrt, obgleich die unmittelbar voran-
gehenden wie folgenden Tiraden schon stark die characteristische
Form des Reimmetrums tragen. — IX. o vor Nasalen: 5, 9,
13, 17, 28, 32. (49, 55?) 32 mischt jedoch o vor Nas. theilweise
mit o vor anderen Consonanten. — X. ü: 17, 24, 52. —
Zwischen diesen assonirenden Tiraden finden sich 3 selbstständige
Reimtiraden: 1) auf ais: 5. — 2) a: 11. — 3) ier: 30. —
Alle folgenden sind Reimtiraden, also beinahe fünf Sechstel des
Umfanges unserer Dichtung, eine einfache Aufzählung der ver-
schiedenen Reimendungen möge genügen:

Reime:

I. a: (11) 71, 98, 120, 178, 233, 323. — II. ai: 242. — III. aige: 93. —
IV. aigne: 164. — V. aille: 183. — VI. ainne: 59. — VII. aint: 217. —
VIII. aire: 239. — IX. ais: (5), 133. — X. al: (46), 285, 306. —
XI. ance: 272. — XII. ant: 58, 77, 136, 159, 251, 278, 310, 314, 323. -·
XIII. art: 155. — XIV. aus: 261. — XV. aut: 173.

XVI. é: 57, 83, 99, 110. 121, 142, 174, 180, 186, 200, 230, 259, 267,
297, 300, 307, 316,. 320, 322. — XVII. ee: 68, 90, 138, 208, 237, 244, 276,
280. — XVIII. el: 118, 135, 156, 202, 240, 280, 283. — XIX. ele (elle):
78, 269, 281. — XX. ent: 112, 132, 157, 175, 192, 201, 218, 229, 262,
278, 314. — XXI. ente: 267. — XXII. ers (res): 216. — XXIII. er: 96,
118, 167, 215, 266, 319. — XXIV. ez: 59, 75, 82, 101, 128, 161, 194, 211,
225, 252, 308.

XXV. i: 50, 97, 104, 151, 177, 185, 198, 232. — XXVI. ie: 66, 119,
144, 149, 203, 212, 235, 247, 257, 274, 282, 313, 320, 326. — XXVII. ié
51, 184, 204. — XXVIII. ier: 81, 82, 91, 94, 103, 107, 116, 125, 146;
,

164, 173, 180, 197, 222, 249, 264, 270, 282, 295, 802. — XXIX. iere:
285, 294. — XXX. iea: 171. — XXXI. in: 109. — XXXII. ir: 74, 153,
278. — XXXIIL is: 64, 80, 95, 113, 130, 148, 155, 169, 191, 210, 317,
321. — XXXIV. it: 133.
XXXV. oi: 158, 182, 260. — XXXVI. oir: 144. — XXXVII. ois: 62,
256. — XXXVIII. on: 49, 54, 63, 70, 88, 93, 103, 124, 139, 160, 172,
189, 207, 234, 242, 254, 262, 282, 284, 286, 291, 299, 301, 304, 311, 315. —
XXXIX. ont: 134. — XL. or: 152. — XLI. os (ors): 276. — XLII. oute
(onte): 217.
XLIII. u: 86, 115, 147, 206, 236, 290, 318. — XLIV. ue: 73, 273,
294. — XLV. ure: 79, 241. — XLVI. us: 189.

Aber einen nur bedingungsweisen Sieg errang das Reim-
metrum, in gar vielen Fällen schaut die alte assonirende Bearbeitung unter der späteren Hülle noch hervor (vgl. Tiraden
wie 155 (art), 135 (el), 167 (er), 144 (ie), 153 (ir), 64 (is) u. a. m.).
Auf ein gewichtiges Moment hat besonders P. Meyer aufmerksam gemacht; er sagt in seiner obengenannten Abhandlung
»Gaydon présente un phénomène singulier. Du vers 1 au v.
2585, et du v. 9242 jusqu'à la fin du poème, qui a 10887 vers,
on rencontre six laisses assez longues où les rimes an et en
sont mélangées dans la proportion que comporte la langue,
mais la partie intermédiaire offre des tirades souvent fort longues
où la finale ent domine presque exclusivement etc.« Mit Recht
hat er aus diesem Grunde auf ein Remaniement schliessen zu
müssen geglaubt; man könnte freilich leicht einwenden wollen,
die anscheinende Assonanz der späteren Reimbearbeitung sei
nur eine ungenaue Reimform, dass diese Annahme kaum stich-
haltig sein würde, lehrt ein inhaltlicher Vergleich zwischen der
Assonanzen- und Reimredaction der Chanson unter gleichzeitiger
Beachtung der Anwendung der verschiedenen Metra.

Es ist das Verdienst der Herausgeber der Ch. de Gaydon,
dass sie, trotzdem sie deren metrische Seite in keiner Weise
berücksichtigten, zuerst eingehender auf den Contrast in Inhalt
und Darstellung der Dichtung eingingen. Sie suchen und finden
freilich eine etwas erzwungene Erklärung dieses Gegensatzes in

der Annahme, dass der Autor der Ch., ein vermittelndes Talent, die Bestrebungen der altepisch-nationalen mit der neuepischen Kunstschule, die ihre Stoffe aus der bretonisch-keltischen Tradition herholte, habe vereinigen wollen, aber auf diese Weise nur einen unliebsamen Contrast hervorgerufen habe, der zugleich die Unpopularität des Ch. de Gaydon veranlasste. Ein Gegensatz zwischen episch-feudalem und episch-romantischem Geschmacke liegt allerdings in Inhalt und Darstellung unserer Dichtung vor, doch ist derselbe nicht mit bewusster Absicht geschaffen worden, sondern nur ein aus verschiedener Bearbeitung des Inhalts hervorgegangenes Product, die episch-romantischen Partieen sind nur anorganisch mit den episch-feudalen verbunden worden. Und was die Unpopularität der Chanson betreffen sollte, so beruht sie wohl darauf, dass unser Gedicht eine zu locale Färbung trägt, nicht allgemein nationalen Zwecken, sondern nur angevinischen Parteiinteressen huldigt. Lassen wir diese Fragen secundären Interesses jedoch aus dem Auge und citiren wir die Worte der Herausgeber, soweit sie eben den inhaltlichen Unterschied markiren. Mit Recht dürfen sie bezüglich des älteren assonirenden Theiles behaupten: »La première partie du récit, jusqu'à la mort de Thibaut d'Aspremont, renferme les élements d'un drame complet, avec unité d'action, unité de temps, unité de lieu. La mort de Thibaut en est le dénouement moral. Si l'auteur de Gaydon avait pu s'arrêter là, il nous eût laissé un poème très-simple, très-court et très-bien conçu, sauf la donnée un peu faible et un peu naïve des pommes empoisonnées. Depuis ce tableau jusqu'à la mort de Thibaut, notre poète, selon nous, a fait preuve de beaucoup d'art, et s'est montré tout au moins un habile dramaturge.« Wir fanden aber schon, dass der Reim in den letzten 350 Versen dieses Abschnittes entschieden ein Uebergewicht über die Assonanz zu gewinnen begann, und vergleichen wir diesen Theil inhaltlich, so begreift es sich, wie grade dort ein Ueberarbeiter, ein späterer Umformer des assonirenden Metrums einsetzen konnte und wollte, um eine Verbindung mit den nun folgenden mehr oder weniger frei im Reimmetrum abgefassten Abschnitten zu bewerkstelligen; denn was bot sich besser zur Angleichung an das Reimmetrum dar als ein umständlicher Bericht eines Zweikampfes, wo es so leicht war, stereotype Formeln, die aus Schalt-Hemistichen, Parallelismen und ähnlichem Material bestehen, und stets sich für einen beliebigen Versausgang gereimter Natur verwenden lassen, zur Benutzung zu bringen. War dann die Brücke einmal geschlagen, so liess sich der folgende Stoff in pleno bearbeiten. Dass der Ueberarbeiter sich schon an |passender Stelle in dem assonirenden Theile versuchte, zeigen die eingeschobenen Reimtiraden, besonders die unter Assonanz III. mitgetheilten Stellen. Kein Wunder aber, dass dann später mit der metrischen Verflachung, mit der formalen Verschlimmerung, (dieselbe beginnt sofort mit der allgemeinern Einführung des Reims, vergl. vv. 1498—1502 die lästige Wiederholung von »tor« und »viennent«› die ausserordentliche Häufung gleichartiger und gleichwerthiger Ausdrücke in derselben Tirade), dem Ueberhandnehmen der Reflection, verfehlter Anwendung der Nomenclatur (so bezeichnet Gautier d'Avalon, der in v. 583 mit Recht ein Ganelonide genannt ist, v. 8096 einen der entschiedensten Gegner derselben, Gautier le vavasor und v. 9715 auch einen Vasallen der Claresme, ein Fall, der in der afrz. epischen Nomenclatur ziemlich isolirt dasteht) die Abblassung des Inhaltes gleichen Schritt halten muss, und so ist es nur zu richtig geurtheilt, wenn die Herausgeber inbetreff des Schlusses unserer Ch. von dem ihrerseits angenommenen Autor aussagen: Il précipite les évenements, sans prendre la peine de les amener, brusque les situations, et ne semble avoir souci que de s' acquitter au plus vite de la tâche qu'iL s'est donnée.» Nicht zu häufig ist die spätere Darstellung von einem wirklich poetischen Lichtstrahle erhellt, meist ist es nur eine frostige und einförmige Schilderung von unaufhörlichen Kämpfen, Hinterhalten und Abenteuern. Und trotz

dieses Contrastes oder sogar wegen dieser anscheinenden Un-
verbundenheit liegt ein episch-feudaler Hauch über dem Ganzen,
mag auch der Schluss der Dichtung sich durch eine unvermuthete,
eigenthümliche Verknüpfung der Umstände zu einer Art Liebes-
roman gestalten. Obgleich beide Redactionen sich in so
bedeutsamster Weise formell, metrisch und inhaltlich von
einander unterscheiden, wäre es daher wohl gewagt, die Reimredaction als eine blosse Nachdichtung zu erklären und sie als
innerlich abgeschlossene Handlung streng von der älteren zu
sondern. Grade die Handlung dieser älteren, assonirenden
Redaction weist aus inhaltlichen und technischen Gründen
auf eine unmittelbare Fortsetzung hin, aller epischen Tradition
zuwider würde uns in dem Helden der Erzählung ein Schwächling
vor Augen geführt worden sein, sollte er nicht gegen die Tyrannei
seines Oberherrn wirksame Reaction ausüben dürfen, sollte er
nicht den ihm vom Kaiser aufgezwungenen Zweikampf gegen
Thibaut d'Aspremont den Krieg um Angers folgen lassen, der
im letzten Grunde nur die logisch-epische Consequenz jenes
dem Angevinerhelden zugefügten Unrechtes ist. Ausserdem
weist aber auch der assonirende Text von unzweifelhaft alter
Bearbeitung auf die nachfolgenden Ereignisse unmittelbar hin,
abgesehen davon, dass dieselben verschiedentlich auf historische Facta aus der älteren angevinischen Geschichte Bezug
nehmen.

Und um ein Beispiel aus unmittelbarster Nähe anzuführen,
so bietet der Roman de Roncevaux ein Analogon für die Ch.
de Gaydon – aus unmittelbarster Nähe, da die von demselben
Schreiber wie Text *A* des Gaydon (*A* der Text der Druck-
ausgabe, *B* die andere Pergamenths., *C* die Papierhs.) geschriebene
Version *P* des Rolandsliedes im Schlusstheile, der Vengeance
Roland, nicht allein formell, sondern auch inhaltlich von den
übrigen Theilen, namentlich im Vergleiche mit *O*, dem assonirenden
Texte der Ch. de Roland, abweicht. Das Pendant zur Ch. de
Roland, die Ch. d'Aleschans, trägt ein noch glatteres Reim-

gewand als der R. de Roncevaux und unsere Dichtung, und
doch weist sowohl Inhalt wie Darstellung auf eine sehr alte
Vorlage hin. Noch interessanter ist z. B. die Ch. des Saisnes
für unseren Fall; Jehan Bodel fasste diese seine Dichtung gegen
Ende des 12. Jahrhunderts ab. Vergleicht man nun seine Darstellung mit der unserer Ch., so fällt auf, dass in ersterer eine
noch viel ausgesprochenere Tendenz vorherrscht. Nicht allein
sind die Figuren Karls und seiner Barone von Jean Bodel viel
mehr verunehrt denn in unserer Dichtung, sondern auch das
Wirrsal von Kämpfen und Hinterhalten ist ein viel grösseres und
verwickelteres. Sollte in dem Ueberarbeiter des Gaydon weniger
ein Umdichter einer älteren Chanson als ein reiner Nachdichter zu
suchen sein, so würde er sicherlich seinen Vorgänger J. Bodel noch
zu überbieten gesucht haben, denn nach dem von den Heraus-
gebern unserer Ch. auf Grund von v. 6456 festgesetzten Datum
der event. Entstehungszeit derselben fällt dieselbe hinter das
Jahr 1216, mithin eine ganze Generation nach Bodel's Abfassung
der Ch. des Saisnes. Letztere ist ausserdem in zwölfsilbigen
Versen abgefasst, gegen die Wende des 12. Jahrhunderts aber
treten die dodecasyllabischen Epen in solch' grosser Zahl auf,
dass eine Verdrängung der zehnsilbigen Ch. de geste nothwendig
angenommen werden muss, wenigstens muss es als sicheres
Factum gelten, dass das 13. Jahrhundert keine eigentlichen
Originaldichtungen in zehnsilbigem Metrum mehr hevorbrachte.
Ausser Gaydon gehört nur noch Anséis de Carthage von zehnsilbigen Chansons des 13. Jahrh. zum Cyclus der geste du roi;
Anséis aber weist durch seine assonirenden Tiraden inmitten
der Reimversion entschieden auf eine ältere Vorlage des 12. Jahrhunderts hin, somit bleiben nur noch die in zehnsilbigem
Metrum abgefassten Chansons der geste de Guillaume d'Orenge
übrig, für die eine gründliche Untersuchung sicher Analoges
bestätigen wird. Das zehnsilbige Versmaass wurde also im
13. Jahrh. wenigstens für den Karlssagencyclus nur noch für
Ueberarbeitungen älterer Vorlagen gebraucht, mithin bezieh

sich die festgestellte Datirung des Gay. weniger auf das Original, als vielmehr auf eine Ueberarbeitung der älteren Fassung, ist also nur ein weiterer Beleg dafür, dass die überkommene Version als Umdichtung aufzufassen ist.

Es erübrigt nun beim Schlusse dieses Abschnittes in einigen Worten des Handschriftenverhältnisses der Ch. de Gaydon zu gedenken. Schon oben wurde mitgetheilt, dass die Editoren, Luce und Guessard, sich durch die äusseren Vorzüge des Ms. Fonds franç. 860 bewegen liessen, dasselbe als Text A ihrer Ausgabe zu Grunde zu legen; sie wurden zu dieser Annahme wohl auch durch P. Paris in »Hist. litt. XXII., 434« bestimmt, der mitgetheilt hatte, dass A ziemlich genau C folge und B schätzbare Varianten biete. So scheint auf den ersten Blick ihre Wahl eine passende, ja für eine kritische Ausgabe nothwendige zu sein. Doch P. Paris irrte, schätzbare Varianten zu AC bietet B nur in den ersten 157 Eingangszeilen (von 1a—2b 17, correspondirend den ersten 130 Zeilen in AC), geht man über diese ersten Verse hinaus, so gestaltet sich der Thatbestand wesentlich anders. Es folgt alsdann in gemeinsamen richtigen wie fehlerhaften Lesarten Version B ziemlich genau C. Es bedarf noch einer erweiterten Untersuchung, um die Configuration des Handschriftenverhältnisses abschliessend darzulegen, doch kann ich, indem die nähere Ausführung und die Verantwortung einer erscheinenden kritischen Ausgabe der Ch. de Gaydon vorbehalten bleibt, schon jetzt mit Sicherheit feststellen, dass bei Anlage einer solchen wesentlich BC unter Zugrundelegung des Textes B zu Rathe gezogen werden müssen; weniger wird die der ersten Ausgabe unterliegende Version in das Gewicht fallen können. Da B der älteste Text ist, so wird auf diese Weise die ältere Ueberlieferung der Chanson de Gaydon wieder zu ihrem Rechte gelangen.

Die erwähnten Eingangstiraden, namentlich aber die ersten Anfangszeilen derselben, verdienen eine ganz besondere Bechtung. Version B stellt nämlich in ihnen die Person Karls

wesentlich in den Vordergrund der Handlung und geht erst,
nachdem sie kurz auf fol. 1a einen zusammenfassenden Abriss
des Rolandsliedes gegeben, auf die neben Karl die Hauptrolle
spielenden Personen über. Ausdrücklich heisst es fol. 1a 6

Ainz est de Challe le roi de Saint Denise.

AC hingegen wissen von einer »bonne chanson«:

C' est de Gaydon qui tant fist a loer (moult fut preux et bel)
Dou duc Naymon (Et de N.) qui tant (moult) fist a amer
Et dou Danois qui fu nes outremer
Aprez de Charle, nostre emperere ber.

Hier gilt Gaydon entschieden als Hauptperson, dann folgen
Naymes und Ogier, erst zuletzt Charles. Es ist dies charac-
teristisch für eine spätere Epoche, denn die ältesten Epen stellen
stets die Person Karls resp. Guillaume's an die Spitze ihrer
Einleitung. Dagegen enthalten AC v. 8—9 eine Anspielung
auf die spät abgefasste Ch. de Gui de Bourgogne und v. 46—49
bringen eine namhafte Abweichung von der Ueberlieferung des
Rolandsliedes; alles also trägt, abgesehen noch von den formalen
Verschlechterungen des Textes, dazu bei, der Eingangsversion AC
das Gepräge jüngerer Abfassung zu geben. Und doch bietet
ungeachtet [der wesentlichen Unterschiede dieser Zeilen in AC
von denen in B im Uebrigen BC eine ziemlich genau übereinstimmende Version. Wie ist dies zu erklären? Wohl durch
den schon oben hervorgehobenen Gegensatz in Assonanz und
Reim. Während nämlich B mit Ausnahme der ersten 3—4 Verse
assonirendes Metrum zeigt, ist AC in den ersten 14 resp.
19 Zeilen glattgereimt; der Ueberarbeiter, dem es darauf ankam,
die Persönlichkeit Gaydon's in den Vordergrund der Handlung
rücken zu lassen, hat dies auch äusserlich gleich in den einleitenden
Zeilen versucht; da im Uebrigen auch AC assonirende Vers-
ausgänge aufweist, so dürfte man aus jener gereimten Stelle
die auf die Ch. de Gui de Bourg. gemachte Andeutung auszu-
scheiden und im Uebrigen den gereimten Text AC analog der
Lesart B herzustellen haben. Eine derartige Herstellung dürfte

sich um so mehr empfehlen, als die spätere Situation, in welcher
Thibaut d'Aspremont von *AC* vorgeführt ist, inhaltlich ganz
besonders an das älteste Epos, an dieselbe Situation erinnert,
wie sie zu Beginn der Ch. de Roland geschildert wird. Darf
man daher aus den angeführten Gründen die Eingangsversion
AC als starke Ueberarbeitung eines älteren Originals betrachten,
so löst sich die oben erwähnte Schwierigkeit in einfachster und
befriedigenster Weise, wenn man annimmt, dass *B* hier nicht
die ursprünglichere Gestalt bewahrt, sondern vielmehr die
Fassung seines Originals (welches zugleich das von *AC*) selbst-
ständig oder unter Benutzung einer anderen Fassung abänderte.

II.

Die Quellen der Chanson de Gaydon.

Die Chanson de Gaydon gehört derjenigen Klasse altfranz.
Karlsepen an, welche die Kriege des Kaisers mit seinen Vasallen
zum Gegenstande der Darstellung machen. Indem sie so
wesentlich späte Traditionen in den Bereich derselben hineinzieht,
vollzieht sich in ihr und zwar bei dem obwaltenden inhaltlichen
Contrast in um so fühlbarerer Weise die Tendenz, die Person
des im ältesten Epos als Krieger und Friedensfürst gleich
gewaltigen und erhabenen Frankenkaisers einem Vasallen gegenüber in ein ungünstiges Licht zu stellen, einem Vasallen gegenüber,
der unschuldig verfolgt, aber endlich glänzend gerechtfertigt,
gestützt auf seine Waffenerfolge dem kaiserlichen Dränger den
Frieden und die damit verbundene Versöhnung abverlangen
darf. Diesen Grundtypus verschiedener epischer Berichte über
die Kriege Karls mit seinen Vasallen weist auch unsere

Dichtung auf, ihr tendenziöser Bericht bezweckt nicht den Lehnsherrn, sondern den rebellirenden Lehnsträger lieben, ehren und
bewundern zu lassen; vor Allem ist der jüngere reimende
Ueberarbeiter ganz von dieser Anschauung durchdrungen. Der
unschuldig verfolgte, siegreich gegen rohe Gewalt und heim-
tückische List kämpfende, endlich aber glänzend gerechtfertigte
Held ist in unserer Ch., wie schon deren Titel besagt, Gaydon,
der tapfere einflussreiche Angevinerfürst; um ihn gruppiren
sich seine beiden Neffen, Ferrant und Amaufroi und in weitem
Kreise die Fürsten und Herren der angrenzenden Landstriche,
alle im Vereine gegen den gewaltthätigen Oberlehnsherrn und
dessen verderbliche Rathgeber aus dem Stamme Ganelon's.
　　Nicht nur der Anlage nach, sondern auch mit Bezug auf
ihr Quellenverhältniss schliesst sich die Ch. de Gaydon
an jene Gruppe der Karlsepen an, welche die Kriege des
Kaisers gegen seine Vasallen zum Gegenstande besonderer
Darstellung machen; naturgemäss sind als ihre Vorbilder die
ältesten Berichte besonders zu berücksichtigen, und wir werden
sehen, wie sich der ursprüngliche Bearbeiter namentlich an diese
anlehnte, so dass die Anhäufung des epischen Materials auf
der Grundlage älterer historischer Facta in planmässigster Form
erfolgte.　Freilich sind manchmal die Anklänge vagerer Natur,
aber eine vergleichende Untersuchung wird davor schützen,
das Unbedeutende zu überschätzen, oder das Bedeutende nicht in
gebührender Art zu berücksichtigen.　Mit der Besprechung der
epischen Handlung, die sich an die Person des Haupthelden
anschliesst, sei zunächst unsere Untersuchung eingeleitet.
　　Aus der Ch. de Roland ist die Person Gaydon's wohlbe-
kannt; kein anderer und geringerer als der jugendliche Held
Thierry, der aus innerstem Drange Roland's Tod an Pinabel,
Ganelons trotzigem Bürgen, rächt und sich für diese That den
höchsten Dank Karls und seiner Barone erwirbt (s. Gautier, La
Ch. de Rol., éd. class. Tir. 314), ist in ihm zu suchen.　An
diesen glänzenden Waffenerfolg knüpft die Ch. de Gaydon an

und baut auf der Darstellung des Zwistes, der nun zwischen dem jungen Krieger und den ihm zu Todfeinden gewordenen Ganeloniden ausbrechen musste, ihre Erzählung auf. Ein historisches Recht erfüllte der Ehrenrächer Rolands, denn verschiedene Traditionen in der Rolandslegende weisen auf Anjou, das zugleich Gaydons Stammland ist, obgleich nicht die gesammte Ueberlieferung Gaydon als Fürsten von Anjou bezeichnet (ich fasse hier die Identität Gaydon's mit Thierry als eine ausgemachte Thatsache). Die ältere Ueberlieferung, Version *O* der Ch. de Rol., kennt ihn als Bruder des berühmten Gefrei d'Anjou (v. 2883 u. gegen Schluss), ebenso die Karlamagnús Saga (ed. Unger, pg. 48 in der nord. Uebertragung des »Charlemagne«), sie schliesst damit die Herkunft Thierry's aus Anjou eigentlich aus; die jüngere Ueberlieferung im Roman de Roncevaux und in unserer Ch. bezeichnet ihn als Sohn des Joiffroy l'Angevin und als seinen Nachfolger in der Fürstenwürde, stempelt ihn dadurch also zum Angehörigen Anjou's. Turpin lässt diese Beziehung fallen, er nennt ihn schlechthin Tedericus und mit ihm die Chroniken von Tournay, Philippe Mousket, von St. Denis nur Tierry (ebenso der afr. Fierabras, v. 6212, mit *V₄*, *dR* und *dS* des Rolandsliedes, während La Prise de Pampelune in v. 178, 872 a. a. O. der jüngeren Ueberlieferung folgt). Im Prosaromane »Charlemagne und Anséis« (s. Léon Gautier, Ép. franç. II.¹ 407 ff. = III². 586 ff. Anm.) ist sogar eine Verwechselung mit Thierri d'Ardane eingetreten, zweifellos kannte aber auch die Urüberlieferung nur einen Helden Thierry. *dk* nennt ihn abweichend einen Sohn Gerart's van Anschauwen (s. Bartsch, »Ueber Karlmeinet«, pg. 175 ff.).

Bestimmtere Nachrichten bringt jedoch die Tradition inbetreff seines Verhältnisses zu Roland. Einstimmig gilt er als der Knappe, der Schildträger (escuier) dieses Helden. Im Auftrage desselben überbringt er nach unserem Gedichte (Gay. v. 476—477) dem Kaiser die Nachricht von der Niederlage bei Ronceval. Er hatte das grosse Unglück, das mit jener Schlacht hereinbrach, miterlebt und war bei den letzten Todesmomenten seines Herrn zugegen

gewesen. Nach der Angabe unserer Chanson (s. Anm.²) hatte ihn Rioul du Mans — denn dieser war sein erster Erzieher (Gay. v. 831 ff.) – Rolands Hut übergeben, als dieser, selbst noch jung an Jahren, den Riesen Hyaumont in Aspremont besiegte. 7 Jahre (G. v. 456—458) hütet er dessen »conroi«. Wegen dieses engeren Verhältnisses zu Roland glauben dS (v. 11819—11821) und dR (Bartsch, pg. 333) ihn auch in nahe verwandtschaftliche Beziehungen zu demselben bringen zu müssen und kennt dK (Keller, pg. 806) eine merkwürdige Glosse zur Jugend Thierry's. Die spätere Tradition bietet wie natürlich die meisten Mittheilungen über die Jugendgeschichte unseres Helden. Ganz abweichend verhalten sich aber nur die Chroniken von Tournay und Philippe Mousket, die vielleicht aus Missverständniss Turpins, Thierry einen Schildträger Baudouins nennen.

Jedenfalls ist Turpin für das Quellenverhältniss aller. dieser Nachrichten höchst instructiv. Schon G. Paris hat darauf hingewiesen, dass der Verfasser der Ch. de Gaydon und der Chronik Turpins den Wunsch mit einander gemein hätten, die Authenticität ihrer Berichte gegen allen Zweifel sichergestellt zu sehen. In Turpin sind es Baldewinus und Tedericus, in der älteren Eingangsversion unserer Dichtung neben letzterem Gondrebuef (B 1b 5—7), welche lebend dem Blutbade zu Roncevaux entrinnen (eine ähnliche Tradition bringt ja auch »Aleschans« und die Ch. d'Acquin) und dem Kaiser die Unglückspost überbringen. Eine frappante Uebereinstimmung herrscht also zwischen beiden Berichten. Baldewinus, der als eine Parallelfigur des Tedericus in Turpin eine Hauptrolle spielt, ist natürlich in der Ch. de Gaydon mit keiner Silbe erwähnt, war es doch zu anstössig, neben der Hauptperson noch einen andern Berichterstatter als Rivalen auftreten zu lassen. Gay., vv. 459—478 fassen aber wesentlich alles zusammen, was Turpin (ed. Ciampi) in Cap. 12, 22, 24 und 26 über Tedericus berichtet. Es heisst dort an einer Stelle in C. 23: »Mox Rolandus Dei virtute fretus intravit inter acies Saracenorum, illos ad dexteram et laevam praecipitando

2

et consecutus est Marsirium fugientem et potenti
Dei virtute illum inter alios peremit. Tunc in eodem
bello centum socii Rolandi quos secum duxerat interfecti sunt,
et idem Rolandus quatuor lanceis vulneratus est etc«,
übereinstimmend mit Gay., v. 465 ff., wo Rolands »escuier«,
in Erinnerung an den denkwürdigen Augenblick des Todes-
kampfes seines Herrn versunken, spricht:

> Li dus Rollans m'embrasa contre soi
> Quant il sonna son olyfant trois fois
> La maistre uainne dou cuer li desrompoit
> Parmi la bouche tous li sans li filoit
> Tel quatre rai en uolerent sor moi
> De tout le menre, par la foi que voz doi
> Poisse emplir un bacin demanois

Entsprechen diese »quatre rai« nicht den »quatuor lanceis«
der Vorlage, und weiter v. 474 ff.

> Il m'enuoia sor un destrier norois
> C'est Clinevent, ja meillor ne verrois
> Il m' enuoia bons rois desci a toi
> Por raconter le voir com il estoit,

und von diesem Rosse wird v. 1205—6 behauptet:

> Desor celui fu Marsilies tuez
> En Roncevauls si come oï auez

Nur Turpin und die Ch. de Gaydon lassen Marsilie in Ronceval selbst sterben. Was aber interessanter ist, wir erhalten
hier einen unmittelbaren Einblick in das Combinationstalent
sei es des eigentlichen Dichters unseres Gaydon, sei es seines
späteren Ueberarbeiters. Marsilies ist in der Schlacht gefallen,
sein Pferd fiel also nach Gaydon Roland als Beute zu, auf
diesem nun schickt er Thierry alias Gaydon aus, die Unglücks-
botschaft von der grossen Niederlage an Karl zu überbringen —
nicht auf Veillantif, Rolands eigenem Rosse, auf dem nach Turpins
Darstellung schon Baldewinus (super equum Rolandi) in gleicher
Absicht sich von der Wahlstatt entfernt hatte — unser Autor

lässt also die Mission des Baldewinus einfach Thierry auf des getödteten Marsilies Rosse ausrichten. »Si come oï auez« mag hier geradezu als eine Art Berufung an die authentische lateinische Vorlage gelten.

In gleicher Weise wie die Figur des Baldewinus, sollte Thierry-Gaydon eine wirklich imposante Rolle spielen, aus der epischen Handlung ausgemerzt werden musste, ist es auch der Persönlichkeit Geoffroi's d'Anjou ergangen. Zu den Baronen, die nach der Ch. de R. es sich besonders angelegen sein lassen, den jungen Besieger Pinabels in herzlichster Weise zu beglückwünschen, gehört neben Karl in erster Linie Geoffroi d'Anjou (L. Gautier, Ch. de Rol., tir. 314). Die Ch. de Gaydon dagegen rechnet ihn bereits zu den Todten, zu den bei Roncevaux gefallenen Streitern. (v. 459—464):

> En Roncevax ou nos fumez destroit
> En la bataille ou ne fumez que troi
> Ce fu Rollans et l'arceuesque et moi
> La vi mon pere detranchier deuant moi
> Je ne li poi ne aidier ne ualoir
> Car de trois plaies oi le cuer moult destroit.

Die genaue Darlegung der Beziehungen Gaydons zu Roland, die, wenn auch späte und für die kritische Beurtheilung der Berichte Turpins und der Ch. de Gaydon characteristische Motivirung des Zusammenhangs der Thierry-Gaydon- zur Rolandslegende lässt es aber erst begreifen, wie es möglich war, dass Thierry so energisch für die Ehre seines Herrn eintrat, als man im Heerlager Karls nahe daran war, die Sache des im Heldenkampf gefallenen Paladinen der des Hochverräthers Ganelon zu opfern; ganz unmotivirt lässt die älteste Ueberlieferung des Rolandsliedes den jungen Helden Thierry auftreten und auf energische und schnelle Bestrafung des Schuldigen drängen, ihr Bericht erweckt daher gerechte Zweifel und drängt unwillkürlich dazu, an dieser Stelle eine spätere, anorganisch mit den übrigen Sagenbestandtheilen der Rolandslegende verbundene Tradition

zu vermuthen. — Ein Neuling im Ritterhandwerke (nach seinem
Entkommen aus dem Treffen bei Roncevaux wird Gaydon vom
Kaiser zum Ritter geschlagen, B 1 b 5—9, s. Luce, préf.
21) erlegt er seinen trotzigen, körperlich überlegenen Gegner,
den Ganeloniden Pinabel und entscheidet damit Ganelon's
Schuld. Diesen herben Verlust konnten die Ganeloniden nicht
verschmerzen; als natürliche Todfeinde liessen sie nun nichts
unversucht, ihrem Widersacher, der ihr moralisches Ansehen,
ihre Stellung am Hofe Karls, ihre hochfliegenden Pläne zu
nichte gemacht, zu schaden. Thibaut und Alori, nach Ganelon's
Tode Häupter der zahlreichen Verwandtschaft des Hochverräthers ersinnen ein Mittel, den verhassten Angeviner und
seinen Schutzherrn aus dem Wege zu räumen. Im Einverständniss mit ihren Verwandten schicken sie einen Boten mit
vergifteten Aepfeln im Auftrage Gaydon's an den Kaiser, doch
nicht dieser, sondern einer der Hofleute fällt als Opfer des
Verrathes. Dieses Motiv findet sich zwar verschiedentlich in
französischen Epen wieder, scheint aber in unserer Ch. zuerst
verwandt worden zu sein, wenigstens deuten deutlich auf Gaydon
als Vorbild hin die Versionen in »Charles le Chauve« (Hist. litt.
26, 95), »Ciperis de Vignevaux« (Hist. litt. 26, 98) und in der
aus dem Französischen übertragenen Harleian Version des mittel-
englischen »Morte Arthur« (s. Ellis, Spec. of Early Engl. Metr.
Rom. vol. I., 339) und schliesslich die wörtlich herübergenommene
in »Parise la Duchesse«, wie schon die Herausgeber dieses epischen Romans nachgewiesen haben. (Vergl. auch für »Les
Enfances Garin de Montglane« Gautier, Epop. franç., III[1]., 95 und
für den »Charlemagne« des »Girart d'Amiens« G. Paris in Hist.
poét. 471 u. 477, sowie »Hugues Capet«.) Die Herausgeber des
»Gaydon« sahen in diesem Motive »une donnée un peu faible
et un peu naïve«, eine subjective Ansicht, gegen die die uralte
Tradition eines unserer reizendsten Volksmährchen »Schnee-
wittchen« entschieden spricht.

Naturgemäss richtet sich des Kaisers ungezügelter Zorn

gegen den arglosen Angeviner, der kurz nach jenem Vorfalle die
Rathsversammlung Karls und seiner Barone mit allen Anzeichen
eines durchaus schuldlosen Gemüthes besucht. Laute Drohungen
und Schmähungen des Kaisers, wilde Herausforderungen Thibauts,
der nicht zufrieden damit, den Verrath eingefädelt zu haben,
sein Opfer auch durch die Gewalt seiner körperlichen Ueber-
legenheit zu Grunde richten will und durch eine erfundene
Lügengeschichte den Kaiser für sich gewinnt, die Verlegenheit
des unglücklichen Angeviners, der sich vergebens auf seine
langjährigen treuen Dienste beruft, die furchtsame Zurückhaltung
der Barone, die wohl den Verrath durchschauen, es aber nicht
wagen, offen Gaydons Partei zu ergreifen aus begründeter
Zaghaftigkeit vor der materiellen und physischen Macht der
Verräther, alles dies bildet einen wirkungsvollen und höchst
dramatischen Contrast. Nur ein wirklich begabtes Dichtertalent
war im Stande, eine solche grossartige, ergreifende Scene, wie
die reiche franz. Ritterepik deren nur wenige aufzuweisen hat,
zu schaffen, ich halte sie darum für eine wirkliche Originalarbeit;
wenn auch nicht zu verkennen ist, dass »Amis und Amile«,
eine nach meinem Dafürhalten später abgefasste Dichtung, eine
ähnliche Darstellung enthält und namentlich die Ch. de Roland
resp. der R. de Roncevaux constituirende Elemente abgegeben
haben könnte. Gegen diese mit feinem poetischem Tacte in den
Mittelpunkt einer echt epischen Handlung verlegte Scene sticht
die übrige Darstellung gegen Schluss des assonirenden Theiles
bedeutend ab; der Schwur der beiden Kämpen, die Wechselfälle
des Kampfes, der schliessliche harterkämpfte Sieg des Angeviners
über den körperlich weit überlegenen Gegner verräth sich als
eine mehr oder minder geschickte Nachahmung desselben Berichtes aus dem R. de Roncevaux, als eine Wiederholung des
dort erzählten Zweikampfes zwischen Thierry und Pinabel.
Ausserdem ist noch »Garin le Loherain« (ed. P. Paris; II., 31 ff.)
benutzt; vielleicht mag auch der ältere Theil des »Huon de
Bordeaux« (Zweikampf zwischen Huon und Amaury) nebenbei

eingewirkt haben, wie andrerseits »Aye d'Avignon« eine ziemlich übereinstimmende Erzählung bringt. Isolirt stehen jedoch die Berichte in »Renaud de Montauban« (ed. Michellant, 425 ff.) und »Macaire«, und ganz ausser Betracht kommen die zwischen Christen und Heiden geschilderten Zweikämpfe in »Fierabras«, »Otinel«, sowie in dem Sagenkreise von Guillaume d'Orenge; auch »Ogier l'ardenois« (Ogier's Kampf mit Brunamont) und »Gui de Bourgogne«, so werthvoll sie im Uebrigen für das Quellenverhältniss der späteren Theile sein mögen, sind hier auszuschliessen, am meisten Uebereinstimmung weist eben immer noch der Rom. de Roncev. auf, der ohnedem bezüglich dieses älteren Theiles der Ch. de Gaydon in v. 7633—7637 eine deutliche Anspielung enthält. (Wie in P erschlägt Gaydon seinen Gegner mit Hauteclere; unser Text erzählt freilich in v. 1570—71 u. 7339—7341, Gaydon habe dasselbe auf der Wahlstatt zu Roncevaux aus Oliviers eigenen Händen empfangen, wovon P nichts weiss, V_4, C, L, V_1, V, dk lassen ihn Pinabel mit Curteine erlegen, nur dS weist ihm Roland's Schwert Durndarte zu.)

Ist noch unmittelbar nach der Erlegung seines mächtigen Gegners Gaydons Auftreten ein eminent actives (er sendet den ihn vom Kaiser zum Verbande der Wunden zugeschickten Arzt zurück und verlässt nachher ohne Erlaubniss den kaiserlichen Hof), so wird es, nachdem er im Val de Glaye seine Leute vor der Gewalt der Ganeloniden mit Noth gerettet hat, ein ebenso eminent passives, sein Handeln und Wollen bildet nur die Grundlage der Handlungen anderer bevorzugterer Personen. Momentan erweckt er noch bei der durch ihn bewirkten Errettung Ferrant's aus dem Schlosse des Ganeloniden Hertaut das alte Interesse und bei dem Kriege um Angers, seiner Liebesaffaire mit Claresme, seiner energischen Verfolgung der den Kaiser entführenden Ganeloniden erringt er auch theilweise die frühere Bedeutung wieder, allein das ganze ungetheilte Interesse der Handlung concentrirt sich nicht mehr in dem Maasse auf

seine Person, wie es bisher der Fall war; er ist im Allgemeinen
nur eine den nöthigsten Bedürfnissen der Handlung angepasste
Figur, nicht mehr er beherrscht die Situation, sondern diese ihn.
Die Schmälerung und Verringerung der epischen Rolle des
Angevinerhelden darf man wohl mit Recht dem späteren
Umdichter der Ch. zuschreiben, der eine Nebenfigur zum Träger
der Handlung machte, die ihm günstige Gelegenheit gab, in
freiester Bearbeitung der Vorlage eine Reihe abenteuerlicher Züge
dem Bedürfnisse der Zeit gemäss in die Darstellung einzuflechten.

Denn nur ein vaterlandsloser, von local-particularen Interessen beseelter Abenteurer ist im Grunde genommen trotz aller
seiner Tapferkeit jener Ferrant, der Neffe Gaydons und Vetter
des Amaufroi's, obgleich er in der älteren Version, weil eben
dort noch Nebenfigur im vollsten Sinne, dieses für ihn später
eigenthümliche Gepräge noch nicht trägt; nachdem Gaydon
durch seinen ohne lehnsherrliche Erlaubniss vollzogenen Auf-
bruch von Hofe den Zorn und die Kriegserklärung Karls veranlasst hat, unternimmt er als Fehdebote eine Reihe abenteuer-
lichster Fahrten, in denen er die unbedingte Hauptrolle spielt,
aber sich auch durch einen wenig ritterlichen Uebermuth in
höchst ungünstiger Weise auszeichnet. Die Schilderung dieser
Abenteuerfahrt, welche einen übergrossen Theil der Darstellung
einnimmt und für den gänzlich veränderten, romanhaften
Charakter derselben gegenüber der episch-feudalen Handlung
der assonirenden Version zeugt, ist aber darum interessant, weil
sie ein werthvolles Vergleichungsmaterial für Analoga aus
andern Chansons de geste abgiebt. Zunächt kommt hier die
in mehrfacher Beziehung höchst interessante Ch. d'Aiol in
Betracht; was an dieser Ch. nämlich ganz besonders anspricht,
ist die Einheit der Darstellung und die feine Zeichnung der
Charactere, die Ferrant-Episode macht ihr gegenüber den
Eindruck eines weniger zusammenhängenden Berichtes, doch
verräth sie unter ihrer romantisch-abenteuerlichen Hülle einen
episch-feudalen Grundcharacter und unterscheidet sich dadurch

höchst günstig von der Ch. d'Aiol, die losgerissen von den
Traditionen der Chansons de geste, mehr an die bretonisch-
keltische Sage erinnert, der sie auch wohl ihre eigentliche
Entstehung verdankt, denn Aiol ist kein Held einer altnationalen
Sage, sondern nur ein anderer Perceval.

Das Gesagte zu veranschaulichen, stelle ich die bezüglichen
Stellen aus beiden Dichtungen einander gegenüber, bei einigen
Episoden kann die behauptete Uebereinstimmung zwischen Aiol
und Gaydon weniger einleuchten, bei anderen ergiebt sie sich
als selbstverständlich. 1) G: v. 3281—3346 u. A: v. 1530—1624;
2) G: v. 3360—3385 u. A: v. 1911—1975. Vgl. hier namentlich
G: v. 3375—3383 u. A: v. 1493 ff.; 3) G: v. 3386—3477 u. A:
v. 2779—2930. Ferrant's Abenteuer mit dem groben Thürhüter
in Orleans und Aiol's ähnliches Rencontre mit dem Wächter
der porte Berri zu Orleans. 4) G: v. 3743—3824 u. A: v.
2356—2375, 3087 ff. 5) G: v. 3911—4014 u. A: v. 1720—1816.
6) G: v. 4015—4092 u. A: v. 555—885. 7) G: v. 4086—4089
u. A: v. 3894. Besonders zu vergleichen ist. 8) G: v. 4155—4730
u. A: v. 7057—7989. Diese Scene zeigt zugleich am treffendsten die
characteristischen Unterschiede im Berichte beider Dichtungen.
Ferrant kommt gegen Beschluss seiner Fehdebotschaft auf das Schloss
des Ganeloniden Hertaut, der mit einer Cousine unseres Helden
(ein bemerkenswerthes Zeichen einer Ch. de geste) vermählt ist.
Letzterer, ein arger Feind des Rechts, erfährt bald den Namen
seines Gastes und beschliesst, ihn zu verderben. Nachdem er
Ferrants Waffen auf die Seite gebracht, rüstet er heimlich seine
Vasallen; seiner Gemahlin befiehlt er, den arglosen Ritter
mit Kurzweil zu unterhalten; auf ihre anfängliche, tadelnde
Weigerung misshandelt er sie (vgl. hier G. Paris, Hist. poét. de
Charl. 371 für »Basin«). Doch die Dame und ihr Sohn Savari,
ergreifen Partei für die Sache des Rechts, stellen Ferrant die
Waffen zurück und helfen ihm nach heftigem Kampfe die über-
mächtigen Verräther aus der Burg zu vertreiben. Diese aber
rotten sämmtliche Hörige der Burg zum Widerstande zusammen

und die Lage der Insassen wäre kritisch geworden, hätte nicht
Savari durch kühnen Ausfall aus der Burg die Hülfe Gaydon's
rechtzeitig aufgeboten, der dann die Verräther auseinandertreibt
und den Schuldigen bestraft. Ganz dieselbe Erzählung im Allgemeinen, allerdings mit characteristischen Abweichungen, bringt
die Ch. d'Aiol. Der Schauplatz der Scene ist hier des Hunbaut
Schloss zu Roimorentin. Esmeraude und Antiaumes vertreten
Ferrant's Verwandte und Savari, König Loeys den Hülfe sendenden
Gaydon. Aber abgesehen davon, dass hier trotz grösster Uebereinstimmung in der eigentlichen Erzählung die Einheit der Handlung durch einen localen Scenenwechsel gestört ist, ist Hunbaut
der Ch. d'Aiol kein eigentlicher Ritter, sondern nur ein durch
Wucher reichgewordener Emporkömmling, der seine bevorzugte
Stellung (vgl. Beginn des »Hervis de Mes«) nur der Vermählung
mit einer Frau adeliger Herkunft verdankt. Mehr Aehnlichkeit
bietet schon »Auberi le Bourg.« (vgl. Tobler, pg. 168—176;
Anséis, Mahaut und Gautier vertreten die entsprechenden Personen des Gay.), obgleich wohl bei der späten Tradition, auf der
Auberi beruht, Entlehnung aus Gaydon möglich wäre. Der
fragliche Bericht ist im Auberi mit einer Imitation der Begon-
Jagd-Scene aus der Ch. des Loherains verbunden. Wie Aiol
sonst viele Züge mit Huon de Bord. gemein hat, so zeigt er
auch hier ziemliche Uebereinstimmung mit Huon's Erlebniss in
Tormont. Die älteste Vorlage indessen zu unserem Berichte
bietet die auf alter Grundlage aufgebaute Ch. d'Ogier, und die
mannichfachen Beziehungen, in denen »Gaydon« zu »Ogier«
steht, lassen mich schliessen, dass Ogier wohl auch hier seine
Vorlage war; so zeigt die Botenfahrt Bertrant's zu Desier eine
Reihe mit Gaydon gemeinsamer Episoden. Zunächst erinnert
Bertrant's Abenteuer in Dijon (Ogier, ed. Barrois, v. 3746—3995)
an Ferrant's Erlebniss im Schlosse Hertaut's. Das kecke, unge-
stüme Auftreten Bertrant's vor Desier in Pavia (Og., v. 4010
—4600, ein allerdings stereotyper Zug, der aber im Gaydon und
Ogier besondere Aehnlichkeit aufweist), die Ereiferung Ogier's,

der den kühnen Boten mit einem Messer zu tödten versucht (s. Bues d'Aigremont in »Renaud de Mont.«, Fromont in »Garin und Girbert«, Girart de Fraite in »Aspremont«, Marsilies in der Ch. de Roland), die Verfolgung Bertrant's durch die Lombarden (Og. v. 4667 ff.), der Uebermuth des letztern, der dem Knappen des spanischen Königs das Desier zu übersendende Ross Pennevaire raubt, die Misshandlung des Knappen und sein Bericht an Desier über die ihm angethane Schmach (Og. v. 4610—64), alle diese Einzelzüge erinnern frappirend an die Ferrant-Episode. Die Ch. de Gaydon, so erledigt sich mithin dieser ganze Vergleich, enthielt entweder einen älteren Grundstock (s. Anm. 16), aus dessen Vorlage schon »Ogier« geschöpft hatte und lehnte sich nochmals unmittelbar an letztere Dichtung an, oder aber sie verdankt den ganzen Botenbericht über Ferrant »Ogier l'ardenois«; dieser Bericht erhielt dann durch einen späteren Ueberarbeiter, der aus anderen Ch., der Ch. d'Aiol vornehmlich, ergänzende Elemente entlieh, die jetzige Form. Das ist das einzige, was sich über Herkunft und Verbreitung dieses Motives bisher sagen lässt. Sicherere, bestimmtere Angaben lassen sich schon aus dem Grunde nicht wohl geben, weil weitere nothwendig vorauszusetzende Zwischenglieder, welche allein allein einen klaren Ueberblick gestalten würden, in der zwar reichen aber immerhin nur fragmentarisch überkommenen französischen Epik fehlen; der Gesammteindruck lässt jedoch vermuthen, dass der ursprünglichste Botenbericht des ältesten Epos, der wie in der Ch. de Roland, alle Zwischenfälle als missliebig ausschliesst, von geringen Anfängen (Fierabras, Aleschans) sich immer breiter entfaltet (Gaydon, Ogier), bis er sich schliesslich durch Aufnahme einer Reihe detaillirt ausgemalter Episoden zu einem ganzen Botenromane (Huon, Aiol, zum Theil auch »Jehan de Lanson«, der in der Beschreibung der Abenteuerfahrt Basins sicher manches Vergleichungs-Material abgeben würde, wenn wir für ihn nicht lediglich auf die bisher gemachten spärlichen Mittheilungen bei Gautier und in der »Hist. litt.«,

Bd. 22 angewiesen wären) entwickelt. — Die Schlussepisode in Ferrant's Abenteuerfahrt ist von »Charles le Chauve« (Hist. litt. 22, 96), welche Dichtung ja auch den Vergiftungsversuch Thiebaut's in etwas modificirter Form aus Gaydon entnommen, getreu nachgeahmt worden. Grade diese Schlussepisode ist im späteren altfranz. Epos typisch geworden: Immer gelingt es, dem rechtliebenden jungen Helden der Erzählung mit Hülfe von Verwandten oder Freunden, die zu dem arglistigen Verräther, der den Anschlag macht, im Verhältniss von Gemahlin und Sohn stehen, erstern aus Saal und Burg zu vertreiben und ihn für den Verrath mit seinen Genossen energisch zu strafen.

Mit der Beendigung dieser bunten Abenteuerserie ist Ferrant's Glanzrolle eigentlich abgeschlossen, einen so hervorragenden Antheil er auch noch an den folgenden Ereignissen nimmt. Gemeinsam mit seinem Vetter Amaufroi, dessen Handlungen sich so ziemlich denen Ferrant's anpassen, zeichnet er sich vor Angers gegen die Heeresübermacht des Kaisers und der Ganeloniden aus, fällt aber in letzterer Hände und muss erst einen von Gui de Hautefeuille heraufbeschworenen Zweikampf übernehmen, bevor er gegen den von den Angevinern gefangen genommenen Ogier ausgeliefert wird. Dieser Zweikampf, im Wesentlichen eine Wiederholung desjenigen zwischen Gaydon und Thibaut ist in seinen Details unzweifelhaft einer älteren Fassung des »Gui de Nanteuil« entnommen, auch in den Loherains begegnet dasselbe Motiv, dass sich auserlesene Genossen der beiden Kämpfenden in den Hinterhalt legen, um im kritischen Momente den ursprünglichen Zweikampf in eine offene Feldschlacht zu verwandeln. Noch einmal spielt Ferrant bei dem Auftreten der Claresme eine namhaftere Rolle, bis sich dann das Interesse der Handlung auf diese Figur überträgt.

Unter den Genossen Ferrant's, unter denen als meistcitirte Namen nur Gui de Biaufort (v. 272 im älteren Theile noch Baron Karls, aber nach v. 648, 2588 etc. Vasall Gaydons), Rispeus de Nantes, li quens dou Perche, li cuens de Chartres, Amauris

de Toartois hervorgehoben werden sollen, ist mit besonderem
Werthe die Gestalt des alten Riol du Mans in den Vordergrund der Handlung gerückt, er ist unter der Pairschaft des
Angevinerfürsten dem alten Naymes an Klugheit und Energie
zu vergleichen. Merkwürdigerweise ist sein Name der altfranz.-
epischen Tradition wenig bekannt, nur im Fierabras (der wie
in einzelnen epischen Zügen, so auch in seiner Nomenklatur
werthvolle Anklänge an Gaydon bietet, vgl. nur Fierabr. v. 4701
a. a. O.) spielt er als Raoul de Mans (v. 4717), verderbt Raoul
d'Amiens, eine hervorragendere Rolle. Hues du Mans ist der
epischen Ueberlieferung bekannter.

Die entschieden interessanteste Figur auf Seiten der Angeviner
ist jedoch die des verbauerten Ritters Gautier (unter diesem
Namen wird er erst in v. 6342 ff. genannt, wo der Ueberarbeiter
ihn so bezeichnet; vorher hat er nur den Beinamen le vavasor).
Eine populäre Figur, zur Belustigung eines gewissen Theils der
Hörer unserer Dichtung geschaffen, kennzeichnet er auf das
Beste die Tendenz, die der zweite Theil der Ch. de Gaydon
verfolgt; derbster, volksthümlichster Witz, unerschrockenster,
oft starrsinniger Muth, aber auch goldene Treue der Gesinnung
vereinen sich in ihm in glücklicher Harmonie. Er entscheidet
die Treffen vor Angers und im Val de Glaye durch seine per-
sönliche Tapferkeit, ihn und seine Söhne hassen die Ganeloniden
am meisten und einmal wäre er sogar beinahe ihrer Arglist
erlegen. Woher hat der Umdichter oder auch der ursprüngliche
Bearbeiter (denn wenn G. auch erst später in die Handlung
eintritt, so ist damit doch nicht gesagt, dass er nicht schon im
ursprünglichen Text figurirt haben könnte) diese in der Zeit
des Niederganges der altnationalen epischen Poesie mit Vorliebe
verwandte populäre Figur des gutmüthig derben Kriegers
entnommen. Schon die alte Ch. des Loherains weist (Garin le
Loher. II., 152 ff.) einen Hervis li vilain und dessen Sohn Rigaut,
sowie andererseits einen Menuel Galopin (Garin II, 94 ff., auch
im Elie de St.-Gilles auftretend) auf und Raynouard verrichtet

in »Aleschans« mit seinem »tinel« ähnliche Heldenthaten wie Gautier mit seiner »masue«. Am meisten Verwandtschaft mit Gautier hat die interessante Figur des Geriaumes in »Huon de Bordeaux«; Gautier erscheint ganz als eine Nachbildung desselben, er ist Ritter wie dieser, durch widriges Schicksal seinem ursprünglichen Berufe entfremdet, leistet er trotzdem nachmals seinem Lehnsherrn wichtigste und treueste Dienste. Und dass er Ritter ist, unterscheidet ihn auf das vortheilhafteste von den darum schon jüngeren, ganz niedersten Kreisen entsprossenen Gestalten eines Varocher (in »Macaire«), eines Simon le voyer (in »Berte aus grans pies«) eines Helie le charbonier (»Cyperis de Vignevaux«), namentlich aber eines Robastre, jenes Mittelwesens von Kobold und Mensch, wie ihn verschiedene spätere epische Erzeugnisse in Scene setzen. — Einen wirkungsvollen Contrast zwischen derber, volksthümlicher Geradheit, barocker Alltagsweisheit und verliebter Courtoisie hat die Ch. de Gaydon gegen Schluss durch gegenseitige Einwirkung der beiden Figuren Gautier's und der Claresme in die Handlung einzuführen gewusst, eine poetische Lichtwirkung, die, wenn auch künstlich und jung, inmitten jener monotonen Schilderung des Schlachtengewirrs nicht hoch genug anzuschlagen ist.

Noch eine andere Gruppe von Bundesgenossen Gaydon's führen neben dessen Verwandten und Vasallen vor Angers Fehde gegen den gewaltthätigen Oberherrn, es sind dies die Söhne der mit Karl verbündeten Barone, die sich (Gay. v. 4840 ff. Berart de Mondidier, Estoult, Vivien, ceuls de Tremoigne, wohl die Söhne des Aymon de Dordone, Milon, Renier, Girard de Nevers mit ihren Leuten, geführt von den beiden Söhnen des Naymes, Bertrant und Richier) auf die Gefahr hin, gegen ihre eigenen Väter zu Felde ziehen zu müssen, nur aus Gerechtigkeitsliebe ihrem Vetter Gaydon gegen Karl und die Ganeloniden anschliessen. Die Namen der Führer dieser jungen heroischen Schaar kommen für das Quellenverhältniss dieses Berichtes in besonderen Betracht, da ausser als in den hier unmittelbar zu

besprechenden Epen nirgendwo sonst von einem Bertrand resp.
Richier als Sohn des Baiernherzogs die Rede ist. Bertrand,
den einzigen Sohn des Naymes nach »Ogier l'ardenois« (und nach
Philippe Mousket, v. 8429 ff. auch in »Doon de Nantueil«) lernten
wir schon oben als Boten Karls an Desier kennen, Richier
fungirt nicht als Sohn, aber als écuyer Naymes in der Ch.
d'Aspremont, auf die unsere Dichtung in v. 831—833a (s. Anm. 2)
einen entschiedenen Hinweis enthält und die ausserdem noch von
besonderem Interesse ist; da in ihr das Motiv von einem Aus-
zuge junger Helden, Söhnen von auf das Schlachtfeld zu Aspremont
gezogenen Baronen Karls, ebenfalls berührt ist, welches Motiv
hinwiederum in »Gui de Bourgogne«, der wie »Ogier l'ardenois«
Bertrand als Sohn Naymon's bezeichnet (Gui, v. 194, 206,
377, 822, 2105, 4250) den Ausgangspunkt einer ganzen epischen
Handlung bildet. Auf »Gui de Bourgogne« macht die jüngere
Version der Eingangszeilen in v. 9—10 eine Anspielung, allein
diese rührt von dem Umdichter her, dem die Aehnlichkeit
der beiderseitigen Berichte auffiel (die Aehnlichkeit wohl bemerkt, nicht die Gleichheit), keineswegs darf man annehmen,
dass die ältere Fassung unserer Ch. den Bericht des Gui benutzte,
da letztere Ch., im Wesentlichen ein klägliches plattes Machwerk
des Niederganges, in eine Zeit fällt, wo der hier besprochene
Theil der Ch. de Gaydon schon in den Grundzügen vollendet
vorliegen musste, jedoch soll damit nicht geleugnet werden, dass
die spätere Ueberarbeitung unserer Dichtung einzelne Details aus
Gui de Bourg. aufgenommen und in freier Weise in die Darstellung
eingeführt habe (vgl. nur Gay. v. 5487—5521 und Gui, v. 774 ff.)
Freilich könnte man entgegenhalten, »Gui« weist doch auf eine ältere
Fassung der Sage hin, indem er nur einen Sohn des Naymes,
Bertrand, kennt, während in »Gaydon« neben Bertrant auch der
Richier der Chanson d'Aspremont zum Sohne Naymons gemacht
worden ist. Darauf lässt sich nur erwidern, dass uns nichts
berechtigt, den Rückschluss zu machen, in der assonirenden Vor-
lage des Gaydon könne nicht im Einverständniss mit der ältesten

Tradition von nur einem Sohne Naymons die Rede gewesen sein. Für unseren Zweck kommt an dieser Stelle eine andere Dichtung in unmittelbarerern Betracht; erst durch das Medium dieser ist »Gaydon« zu der Annahme von zwei Söhnen des Naymes gekommen. Man halte uns nicht vor, dass wir das Complicirte dem Einfacheren, Natürlicheren vorzögen; die Behauptung, dass Gaydon dieses ganze Motiv unbedingt aus Gui entnommen hätte, würde mit der von Anfang an verfochtenen Annahme, die erhaltene Ch. de Gay. sei als Ueberarbeitung einer älteren Fassung des Gaydon anzusehen, entschieden in Widerspruch gerathen. Den Beweis für unsere bis jetzt willkürlich aussehende Behauptung wird ein unmittelbarer Vergleich mit dem Wortlaute der nur auszugsweise überkommenen Ch. de Richer ergeben.

Die Ch. de Richer erinnert zu Beginn ihrer inhaltlichen Darstellung an »Jehan de Lanson« (Gautier, Ép. franç. II.[1], 252 und »Ogier« v. 8157 – 8203). Im Uebrigen deutet die ganze Entwickelung der Handlung auf einen einheitlichen, zusammenhängenden Plan; der von Gui und Alori an Richer begangene Hochverrath bildet den Kernpunkt der Darstellung. G. Paris hat »Hist. poét. de Ch.« 323, Anm. 5 bereits auf die inhaltlichen Anklänge in Gaydon und Richer aufmerksam gemacht: »Richer et Bertrand«, fils de Naime, figurent aussi dans »Gaydon« avec lequel, en général, notre poëme semble avoir offert beaucoup d'analogies.« (Der Ueberfall in der Kapelle hat ein Analogon in »Gui de Nanteuil«.) Bertrand und Richer, sowie Gui treten erst spät in »Gaydon« auf, ihre Einführung leitet gewissermaassen die zweite Hälfte der Ch. ein, für diese ist daher die Ch. de Richer nicht nur die Vorlage, sondern auch ein willkommenes Zwischenglied, indem durch sie erst der heroische Entschluss der beiden jungen Krieger, für die Sache Gaydon's gegen die Ganeloniden aufzutreten, verständlich gemacht wird. Auch begreifen wir, warum Bertrand und Richier nicht zögern, gegen den eigenen Vater Fehde zu führen, denn dieser wollte sie starrsinnig nicht mehr als eigene Kinder anerkennen und dies verlangte Genugthuung. Welches ist nun aber das Original für den eigentlichen Bericht, dem diese Einzelepisode von der Fehde der Söhne gegen ihre Väter, mit so vielem Geschicke eingefügt wurde, das Original für den Krieg Gaydons gegen Karl und die Ganeloniden um Angers. Ich glaube dasselbe mit Sicherheit in der von G. Paris mit Recht als uralt bezeichneten (Hist. poét. de Ch. 328) Tradition von den »barons Herupés« zu erblicken (nebenbei mögen auch andere epische Berichte, wie »Girars de Viane«, Renaud de Montauban« eingewirkt haben), wenigstens nöthigen zu dieser Annahme die historischen Verhältnisse, die die Grundlage der Handlungen der Ch. de Gaydon bilden und bei der Besprechung der Gaydon - Thierry Sage später kurz erörtert werden sollen.

Den einflussreichsten und hervorragendsten Antheil an der Handlung in der durch diesen Umstand ein besonderes characteristisches Gepräge erhaltenden Ch. de Gaydon haben nicht, wie man doch vermuthen sollte, die Parteigenossen Gaydon's, die Angeviner, sondern ihre zahlreichen, an materiellen und physischen Hülfsmitteln fast überreich ausgestatteten Gegner, die Ganeloniden. Das wechselseitige Siegen und Unterliegen dieser beiden mächtigen Gegnerschaften erfüllt das ganze inhaltliche Interesse unserer Dichtung. Und in der That hat die Partei der Gerechten Mühe genug, sich der niedrigen Verläumdung (Thibaut's Anklage gegen Gaydon. »Garin le Loh.« II., 21, wo die Bordelesen gegen die Loherains auftreten, und »Aye d'Avignon«, pag. 8, wo Garnier von Amauguin, der auch in »Parise la Duchesse« als niedriger Verläumder auftritt, angeklagt wird, könnten das Vorbild abgegeben haben) und der offenen Gewalt der Ganeloniden zu erwehren. Durch Vernichtung ihrer Gegner die unbedingte Herrschaft über das Reich zu erlangen, ist dieser einziges Streben. Dazu ist ihnen jedes Mittel recht, (vgl. hier »Huon«, pag. 27 und »Aye d'Avignon«) und niemand hindert sie, ihre Zwecke zu verfolgen, denn der kurzsichtige, habgierige, willenlose Kaiser ist nur ein Spielball ihrer Wünsche. Göttliches und menschliches Recht gilt in ihren Augen nichts, ja die Dichtung bedient-sich ihrer, um einer ausgesprochen anticlericalen Tendenz freier huldigen zu können. Thibaut, Alori und Gui de Hautefeuille sind als Häupter der Ganeloniden auch die personificirten Vertreter ihrer besonders characteristischen Laster; Rachsucht, boshafte List und rohe Gewalt sind in ihnen mit Energie, Ausdauer und persönlicher Tapferkeit vereint und macht darum sie ihren Gegnern so gefürchtet und verhasst. Amauris, Beranger, Galerant, Gaulier d'Avalon, Guichard, Guirré, Haguenon, Hardré, Humbaut (cf. »Ch. d'Aiol zu Gay. v. 6919—22«), Macaire, Milon, Rahier, Rainfroi (cf. »Charlemagne«) füllen die Nebenrollen aus. Diese Sonderstellung der Ganeloniden als einer für sich selbständig bestehenden geste theilt »Gaydon« mit »Parise la Duchesse«, »Aye d'Avignon«, »Gui de Nantueil« (s. G. Paris, Hist. poét. 77, Anm. 2), sowie mit »Gui de Bourgogne«, »Fierabras« und »Jehan de Lanson«.

Eine klägliche Rolle zwischen diesen beiden streitenden Parteien spielt der Kaiser Karl, die Dichtung schildert seinen Character in den ungünstigsten Farben, streitsüchtig, ungerecht habgierig, ist er zu kurzsichtig, die listigen Anschläge der Verräther zu durchschauen. Zwar leitet er persönlich (wie in »Renaud de Montauban« »Girars de Viane« und »Gui de Nanteuil«) die Belagerung Angers', erntet aber nur Spott und Hohn (vgl. hier Ren. de Mont. 241, 28—34 und Gaydon v. 9558 ff., Verspottung der geringen Hülfsmittel Karls), wie denn sein Heer als aus dem Auswurfe aller mittelalterlichen Volkselemente zusammengesetzt geschildert ist (Gay, v. 4805 ff.). Ganz seiner Würde vergessen, besucht er in der Vermummung eines Bettlers mit Naymes Angers, um dort die Streitkräfte des Gegners auszuforschen, wird aber erkannt und nach einem schmählichen Handgemenge mit Bertrand, dem Sohne des Naymes, zum Frieden gezwungen. Kaum nun ist er mit Ehren dieser Situation

entkommen, als ihn eine grössere Gefahr befällt. Die Ganeloniden
bereden ihn, ihrem Standlager einen Besuch abzustatten, und
entführen den von Wein Trunkenen, doch schützt ihn die
Vorsehung und lässt ihn auf wunderbare Weise durch Gaydon
erretten. »Girars de Viane« (Gautier, Ép. franç. III.[1], 210),
wo Girart und Renier vor dem besiegten und gefangenen Kaiser
auf den Knieen liegend, ihr Land zu Lehen empfangen, vor
Allem aber »Renaud de Mont.« (Michell. pag. 256), wo er mit
dem gefangenen Richart, dem Bruder Renaut's ringt und später
(pag. 282 — 288) selbst in die Gefangenschaft seiner Gegner
geräth, haben combinirt mit jener Scene, in der nach Turpin
(C. IX) Karl als Spion auftritt, zur Schaffung dieses Zuges bei-
getragen, der ähnlich auch in »Gui de Bourgogne«, v. 1284 ff.
sich wiederholt. »Jehan de Lanson« (Hist. litt., 22, 580)
lässt Karl wie in »Gaydon« in die Gewalt der Ganeloniden
fallen, vgl. auch »Charlemagne« (Gautier, Ép. franç. II[1], 34).

Unter den Baronen Karls ragt neben dem traditionell
als kluger, weiser Rathgeber des Kaisers geschilderten Baier-
herzog Naymes in erster Linie Ogier hervor, namentlich in der
zweiten Hälfte der Chanson; während des Kampfes um Angers,
des Zweikampfes Ferrant's mit Gui ist ihm ein bedeutungsvoller
Antheil an der Entwickelung der Handlung zugetheilt. Es ist
nicht schwer, auch hier die eminente Beeinflussung unserer
Dichtung durch »Ogier l'ardenois« zu constatiren. Wie in
»Ogier«, v. 438, so ist auch »Gaydon«, v. 4899 und 4966 Aiol
Hüter der Oriflamme; Ogier wird in erstgenannter Dichtung,
v. 1538—2011 zum Gefangenen der Sarazenen, wie er in unserer
den Angevinern in die Hände fällt; Bertrand, der Ogier in
seiner Eigenschaft als Bote Karls so entschieden feindlich in
Pavia entgegentritt, führt auch hier v. 5454—5480, ebenso
v. 5537—5539) mit ihm einen erbitterten Kampf auf Leben und
Tod. Der edle Characterzug, welchen der Dichter Ferrant bei-
legt — er will nicht eher aus Karls Haft nach Angers zurück-
kehren, als bis alle Verpflichtungen Gaydon's hinsichtlich des

gefangenen Ogier erfüllt sind — erinnert ganz an den hoch- herzigen Caraheut des »Ogier l'ardenois«, wie denn andererseits auch der zwischen Ogier und Caraheut geschilderte Zweikampf im Allgemeinen viele identische Züge mit dem Zweikampf Ferrant's und Gui's gemein hat. Und sollte nicht die ausgesucht feindliche Haltung, welche unter den Verräthern namentlich Aloris (Gaydon, v. 60 a. a. O.) Ogier gegenüber einnimmt, auf die gerechte Strafe zurückzuführen zu sein, welche ihm (Ogier, v. 785 ff.) von letzterem für seine Feigheit zu Theil wird; Alori wird von Ogier (v. 593) seines Pferdes beraubt, ebenso (Gaydon, v. 5025) nimmt ihm Amaufroi das Streitross und überliefert es Ferrant. — Eine hervorragende Rolle spielt unter Karl's Baronen noch Renaut d'Aubespine, eine dem afrz. Ritterepos sonst unbekannte Gestalt. G. Paris, »Hist. poét« 297. Anm. 1 sagt von ihm aus, dass er zu den von Turpin genannten Helden (Ciampi, XII., 26) gehöre, die ihre Berühmtheit den Kämpfen mit Karl verdanken, und die feindliche Stellung, in die Renaut Karl gegenüber als Geisel Ferrant's geräth, scheint für diese Behauptung zu sprechen, im Uebrigen bleibt es unklar, auf welche Weise er in die Gaydon-Legende eingeführt worden ist.

Kommen wir nun zu dem letzten Theile der Ch. de Gaydon, zu derjenigen Episode, durch welche die Dichtung so unvermuthet den Character eines offenbaren Liebesromans annimmt, während vorher die Frauen (Ferrant's Abenteuer mit dem jungen Mädchen auf seiner Fehdebotschaft; das Abenteuer im Schlosse Hertaut's) einen so geringen Antheil an der Handlung nahmen. Die Herausgeber des Gaydon (préf. xvij.) konnten für diese Episode bereits eine Uebereinstimmung desselben mit der Ch. de Gui de Nanteuil constatiren, auf alle Fälle ist dieselbe eine frappante. Claresme, des Gaydon Geliebte und Eglantine, die Vertraute des Gui, stammen beide aus königlichem Geschlechte, sind beide Fürstinnen von Gascogne, jede ist schon lange in ihren Helden verliebt, bevor sie ihn persönlich gesehen hat; wie Claresme lässt auch Eglantine ihrem Geliebten durch

einen Boten heimlich zu einer Liebeszusammenkunft einladen
und erst nach langen Verwickelungen, die in »Gaydon« Gui de
Hautefeuille, in »Gui de Nanteuil« Hervieu de Lyon verursacht
(beide suchen Karl durch reiche Geschenke zu bestechen, um
so auch die schöne Vasallin durch seine Vermittlung für sich
zu gewinnen, und letztere geht nach anfänglicher Weigerung
mit Frauenlist auf den Zwang des Kaisers ein) wird Claresme
mit Gaydon, Eglentine mit Gui vermählt. Nicht minder erinnert
die übrige Handlung, die Belagerung Nanteuil's durch Karl an
die analoge Episode in »Gaydon«. Aber wie sehr ist die Darstellung der letzteren Dichtung der des »Gui vorzuziehen. Trotz
aller äussern Uebereinstimmung ist viel mehr Aufwand bei der
Inscenirung der Eglentine verwandt worden. Die Namen der beiden
Begleiterinnen, Jeannette und Martine, klingen im Vergleich zu den
Namen Bele Eschevie und Esmeree, mit denen die Begleiterinnen
der Claresme bezeichnet werden, höchst modern. Auch giebt
es wohl ausser der Chanson de Gui keine andere, in der Karl
mit einer solchen Schadenfreude den Insulten seiner Gegner
preisgegeben ist. Sarazenen unterstützen Gui de Nantueil und
helfen ihm, den Kaiser leichten Kaufes zu überrumpeln, der
moralisch gezwungen, Eglentine ausliefert und noch froh ist,
dass er sich so kläglich auf der Affaire ziehen kann. Und welche
anderen Verstösse bietet »Gui« (cf. Gui de N., éd. P. Meyer, notes.
pg. 99), abgesehen davon, dass er bei zwölfsilbigem Versmaasse
eine unbedingt glatte Reimform aufweist. Es ist danach klar,
dass »Gaydon« die überkommene Version des »Gui de Nant.«
nicht als Vorlage benutzt haben kann; die Herausgeber Luce-
Guessard, die schon inbetreff der Entlehnungen von »Parise la
Duchesse« aus Gaydon (préf. xvij.) in eine begreifliche Verlegenheit geriethen, haben auch diese Schwierigkeit vorsichtig
umgangen. Wenn nun, trotzdem vorliegende Version des »Gui«
entschieden auf die zweite Hälfte des 13. Jahrh. als Entstehungszeit hinweist, der Trobador Rambaut de Vaqueiras, der um
das Jahr 1207 starb, schon Gui de Nantueil kannte, so geht

daraus hervor, dass ehemals eine ältere Version als die auf
uns gekommene vorhanden war. Unbewusst hat der Herausgeber des »Gui de Nantueil« P. Meyer auch schon in der
préf. xvj seiner Ausgabe auf die ältere Fassung aufmerksam
gemacht. Er citirt an genannter Stelle zur Widerlegung der
Fauriel'schen Behauptung, dass »Gui« ursprünglich provenzalisch
abgefasst gewesen, den »Roman de Guilleaume de Dôle« und
sagt, es seien hier die »amours de Gui et d'Eglantine mises en
chansons proprement dite, et non plus en chansons de geste«.
Eines Tages, heisst es nämlich in »Guilleaume de Dôle«, habe
der Neffe des Bischofs von Lüttich folgendes Lied gesungen:

Or vienent Pasques les beles en avril
Florissent bois, cil pre sont raverdi
Ces douces eves revirent a lor fil
Cil oisel chantent au soir et au matin
Qui amors a nes doit metre en oubli
Sovent i doit et aler et venir
Ja s'entramoient Aigline et li quens Guis
Guis aime Aigline, Aigline aime Guion

Souz un chastel qu'en apele Biaucler
En mout poi deure i ot. granz bauz levez
Cez damoiseles i vont por caroler
Cil escuier i vont por bohorder
Cil chevalier i vont por esgarder
Vont i ces dames por lor cors deporter
La bele Aigline si est fete mener
Si ot vestu un bliaut de cendel
Qui grant. ij. uunes traïnoit par les prez
Guis aime Aigline, Aigline aime Guion.

P. Meyer gesteht selbst ein, dass sich die Stelle nur durch
den Refrain in seiner Versification von der der Ch. de geste
unterscheide und weist auf den entsprechenden Text des »Gui
de Nant.« in pg. 77 seiner Ausgabe hin. Die beiden mitgetheilten
Couplets sind aber in zehnsilbigen Zeilen mit assonirendem
Versausgange abgefasst, ganz wie dies für eine ältere Fassung

des »Gui« wohl vorausgesetzt werden muss. — Ohne auf P. Meyer
zu verweisen, hat nachmals Bartsch in seinen »Altfranzösische
Romanzen und Pastourellen« die betreffende Stelle aus Guilleaume
de Dôle mitgetheilt und als Romanze aufgefasst. Dem wider-
streitet jedoch, dass sie inhaltlich unvollständig und strophisch
unrichtig gebaut sein würde (Tirade 1 enthält nur 7, Tirade 2
dagegen 9 Zeilen); auch ist der Refrain, abgesehen davon, dass in
ihm eine Menge offenbarer Hiate enthalten sind, die ein höchst
unmusicalisches Gefühl erregen, aus Tir. 1 Zeile 7 hergestellt.
Tir. 1 ist ein sogenanntes Cliché épique, wie sich deren in
den Epen zahlreiche vorfinden (cf. Gautier, Ep. franç. I², 395).
Da der Roman de Guill. de Dôle überdies ein allerdings gereimtes
Fragment der Ch. des Loherains enthält, so dürfen die erwähnten
Zeilen nur als Fragment einer älteren Fassung des »Gui de
Nanteuil angesehen werden. Ihr kann Gaydon seinen Stoff
entlehnt haben. Doch haben sich auch hier (vgl. Anmerk. 30)
andere Einflüsse geltend gemacht und Modificationen hervorge-
rufen. Die Annahme der Herausgeber bleibt somit bestehen,
nur ist es nicht die überkommene Version, sondern eine ältere
Fassung des Gui, die das Original für die betreffende Stelle
des Gaydon abgab.

Ueberschauen wir noch einmal das Gesagte, so sehen wir
es vollkommen bestätigt, dass die Ch. de Gaydon ihr Material
wesentlich Dichtungen, die inhaltlich mit ihr eine besondere
Gruppe ausmachen, und besonders den ältesten bez. Berichten
entlehnt hat; eine weitere Untersuchung über die historischen
Verhältnisse, die die eigentliche Grundlage des Gedichtes bilden,
wird uns Gelegenheit geben, ein abschliessendes Urtheil sowohl
über die Entstehungszeit der älteren Fassung unseres Gedichtes,
als auch über die der uns überkommenen Version zu fällen.

III.

Die angevinische Thierry-Gaydon-Sage.

G. Paris nennt die Ch. de Gaydon eine »poëme tout parti-
culièrement angevin«, eine Bezeichnung, die Alles deckt, was
den Inhalt derselben und die Herkunft ihrer Sagenbestandtheile
anbetrifft, denn angevinisches Parteiinteresse erfüllt die Handlung
dieses Epos und die in unmittelbarer Nähe und auf dem Boden
Anjou's sich abwickelnden Begebenheiten geben demselben ein
eminent angevinisches Gepräge. Der ältere Theil enthält freilich
noch einige allgemein-nationale Züge, im späteren Theile überwiegt
jedoch das heimathliche Interesse alle andern. Die mächtigen
Ganeloniden erscheinen nicht so verächtlich wegen der Schmach,
die ihrem Ahnherrn anhaftet, als vielmehr wegen ihrer ununter-
brochenen Bestrebungen, die Interessen des Angevinerfürsten
zu verletzen und zu schädigen. Ohne Zweifel verdiente auch
Anjou der Boden epischer Tradition zu werden, denn wenn
irgend eine Landschaft des weiten Galliens in der ersten Hälfte
des Mittelalters politisch einflussreich dastand, so war es in
erster Linie Anjou; eine Reihe kräftiger, kluger Fürsten lenkten
die Geschicke des Angevinergaues, welcher an der Scheide
Nord- und Südfrankreichs gelegen, auf dieses nicht allein,
sondern auf den ganzen damaligen civilisirten Occident seinen
Einfluss ausübte, sassen doch Angevinerfürsten auf den Thronen
von England, Frankreich, Ungarn, Neapel und Polen. Die
Interessen dieser Landschaft sind mithin auch wesentlich gemein-
französische gewesen, und die Ch. de Gaydon lässt das trotz
ihrer localen Färbung auch deutlich genug, schon durch die
Verbindung mit der nationalen Karlssage, erkennen.

König von Navarra, aus dem Hause Champagne-Blois, über Frankreich bringt, tritt noch einmal Anjou in seiner alten Selbstständigkeit hervor. Sollen nun von diesen historischen Ereignissen keine Reminiscenzen in der Ch. de Gaydon enthalten sein? Léon Gautier, der die grosse Bedeutung der Angeviner für die altnationale Sage Frankreichs wohl kennt (La Ch. de Rol., Ed. class. 15) und dessenthalben das älteste Epos zu einem reinangevinischen machen möchte, läugnet freilich jede Beziehung der Gaydon-Legende zur Geschichte. »Gaydon«, sagt er Ep. franç. III², 605« »ne repose sur aucun fondement historique et n'a même pas de racines dans la tradition. ⸢Tout y est, non pas légendaire, mais fabuleuse«. Was ihn zu diesem apodictischen Ausspruche veranlasst hat, weiss ich nicht, für mich ist es gradezu schwer, in der Ch. de Gaydon eine reine Phantasiedichtung sehen zu wollen. Denn in dem Zweikampfe Gaydon's mit Thibaut d'Aspremont glaube ich eine Erinnerung an die Kämpfe der Angevinerfürsten mit den Fürsten von Champagne-Blois, an die Kämpfe des Gottfried II. Martel von Anjou mit Thibaut I. erkennen zu müssen, in dem Ueberfall der Angeviner im Val de Glaye durch die Ganeloniden einen Anklang an den historischen Bericht von der Schlacht im Braium Nemus (Braium Nemus und Val de Glaye sind verwandte locale Bezeichnungen, aus Braium konnte sich leicht ein Glaye bilden, oder vielmehr ist Braium Nemus die latinisirte Form für Val de Glaye). Der Kampf der Angeviner und Ganeloniden gibt zu denken an die Streitigkeiten der gallo-romanischen Neustrier und der gallogermanischen Austrasier aus dem Osten des Reiches. Die Angeviner sind nur die alten »Barons herupés« der Chanson des Saisnes, die blonden, hochgewachsenen, kriegerischen Ganeloniden hingegen gleichen an Abkunft und Gesinnung den Fürsten von Champagne, die im Besitze der Touraine die erbittertsten Gegner der Angeviner waren und in stetem Contact mit den überrheinischen Germanen standen. Dieser Racengegensatz, der dem ältesten Epos aus begreiflichen Gründen unbekannt, verkörpert sich höchst anschaulich grade in unserer Dichtung; schon P. Paris hat diesen Gegensatz in seiner geistvollen Besprechung der Ch. de Gaydon erkannt und die characteristischen Merkmale, die sich im »Gaydon« für ihn finden, angegeben. Es ist zweifelhaft, ob man in Gui de Hautefeuille den verschmitzten Rathgeber Philipps I., Gui de Montl'heri, aus dem Hause der Montmorency wiedererkennen soll, gewagt wäre es auch, in Ferrant und Renaut d'Aubespin an Ferrant von Flandern und Renaut de Boulogne, die grossen Gefangenen von Bouvines, zu denken, allein das scheint mir ebenfalls gewiss, dass in der Vermählung Heinrichs II. von Anjou Plantagenet mit Eleonore von Gascogne sich in unserer Ch. das Aequivalent in der Vermählung Gaydon's, des Fürsten von Anjou, mit Claresme von Gascogne darbietet. Dann erklärt sich auch, welche Grundtendenz sich in der Ch. de Gaydon ausgesprochen findet; es ist der Geist des Widerspruches gegen die Angriffe Ludwigs VII. auf das Stammland Anjou und die von demselben abhängigen übrigen englischen Besitzungen auf dem Festlande.

Dieser Tendenz verfängt es nicht, sich in das Gewand einer Chanson de geste zu kleiden, ebenso wie nach wohlbekannter Art die epische Ueberlieferung der Ch. de geste de Gaydon bunt durcheinander ältere und jüngere Sagenelemente, und historische Ueberlieferungen mengt, sie neuen Verhältnissen anpasst und ihnen unterordnet. In die Zeit der Reaction der Angeviner gegen die Uebergriffe der capetingischen Herrscher, die in der Unterjochung der französischen Nationalitäten mit so vielem Geschick und Nachdruck vorgingen, in die Zeit des Kampfes Heinrich's II. mit Ludwig VII. möchte ich daher die Entstehung der assonirenden Fassung der Ch. de Gaydon versetzen, sie wäre mithin in ihren wesentlichen Grundzügen in der zweiten Hälfte des 12. Jahrhunderts abgefasst worden, vielleicht auf Grund älterer Lieder, welche Heldenthaten der Gottfriede von Anjou feierten; die politischen Verhältnisse zu Beginn des

13. Jahrh., mehr aber noch das allgemeine Bedürfniss nach längeren Berichten, nach breiter ausgeführten Erzählungen haben dann in der ersten Hälfte des 13. Jahrh., (wie die Herausgeber auf Grund der Z. 6456 des Gaydon: »Et Jacobins et Cordeliers batez« freilich nur für die uns erhaltene Version, die sie allerdings für die originelle ansahen, nachwiesen) einen Ueberarbeiter bewogen, die ältere Fassung in assonirender Form einer erweiterten gereimten Bearbeitung zu unterwerfen. Wesentlich durch Letztern, der sich an jüngere Dichtungen romanhafter Natur anlehnte, sind jene Züge in die Erzählung hineingetragen worden, die der Ch. de Gaydon ein so eigenthümliches Gepräge verleihen, die episch-fendalen und episch-romantischen Geschmack neben einander aufweisen. Der Wandel in formaler und metrischer Beziehung erklärt sich auf diese Weise von selbst. Anfang und Schluss markiren die ältere Bearbeitung am besten. Dafür dass in der zwischenliegenden Partie der Ueberarbeiter am kräftigsten eingegriffen, am meisten eigenes hinzugefügt hat, spricht schon der Umstand, dass diese Partie sich ganz im gewöhnlichen Geleise romanhafter Darstellung hält, keinerlei Anklänge an historische Facta bietet. Dieses Resultat, gezogen aus formalen, literarhistorischen und geschichtlichen Schlüssen, deckt sich ganz mit der Ansicht, welche P. Meyer aus metrischen Erwägungen aussprach (s. oben S. 9). Ob Albéric des Trois-Fontaines, der im Jahre 1234 (s. G. Paris, Hist. poét. de Charlem. pag. 323, Anm. 4) eine anachronistische Notiz über den Helden unserer Dichtung, über Gaydon machte, noch die assonirende oder schon die gereimte Fassung der Chanson de Gaydon kannte, lässt sich natürlich nicht bestimmen, ist aber auch für unsere Zwecke ganz gleichgiltig.